CUSTOMER
SERVICE
EXCELLENCE
CSE

Kent
County
Council
kent.gov.uk

C334164128

Goldilocks and the Three Bears

Ricitos de Oro y Los Tres Osos

Retold by Anne Walter and Patricia Dillana-Kendall
Illustrated by Anni Axworthy

W
FRANKLIN WATTS
LONDON • SYDNEY

Franklin Watts
First published in Great Britain in 2017
by The Watts Publishing Group

The artwork for this story first appeared in *Hopscotch Fairy Tales: Goldilocks and the Three Bears*

ISBN 978 1 4451 5836 5

Series Editor: Melanie Palmer
Series Designer: Lisa Peacock
Translator: Patricia Dillana-Kendall
Language Advisor: Lola Culsán

Printed in China

Franklin Watts
An imprint of
Hachette Children's Group
Part of The Watts Publishing Group
Carmelite House
50 Victoria Embankment
London EC4Y 0DZ

An Hachette UK Company
www.hachette.co.uk

www.franklinwatts.co.uk

Once upon a time, a little girl called Goldilocks
went for a walk in the woods.

Habia una vez una pequeña niña llamada Ricitos de
Oro fue de paseo por el bosque.

Three bears were also out in the woods. Their porridge was too hot, so they had decided to go for a walk while it cooled down.

Tres osos también habían salido al bosque. Su avena con leche estaba demasiado caliente, así que habían decidido ir a dar un paseo mientras se enfriaba.

Goldilocks found the bears' house in a part of the woods that she had never seen before.

Ricitos de Oro encontró la casa de los osos en una parte del bosque que nunca había visto antes.

By now, she was very hungry and she could smell something delicious coming from inside the house.

Por entonces, tenía mucha hambre y le llegó el olor de algo delicioso que venía de dentro de la casa.

Goldilocks walked in and saw the three bowls of porridge. First, she tried the porridge in the biggest bowl.
"Ouch! Too hot!" she cried.

Ricitos de Oro entró y vio los tres cuencos de avena con leche. Primero, probó la avena con leche del cuenco más grande.
—¡Ay! ¡Demasiado caliente! —gritó.

Next, Goldilocks tried the porridge in the medium-sized bowl.
"Yuck! Too cold!" she said.

Después, Ricitos de Oro probó la avena con leche del cuenco de tamaño mediano.
—¡Puaj! ¡Demasiado fría! —dijo.

Then she tried the porridge in the smallest bowl.
"Just right!" she said, eating it all up.

Luego, probó la avena con leche del cuenco
más pequeño.
—¡En su punto! —dijo comiéndosela toda entera.

After breakfast, Goldilocks wanted a rest.

Después del desayuno, Ricitos de Oro queria descansar.

She sat in the biggest chair.
"Ouch! Too hard!" she cried.

Se sentó en la silla más grande.
—¡Ay! ¡Demasiado dura! —gritó.

Next, she sat in the medium-sized chair.
"Yuck! Too soft!" she cried.

Después, se sentó en la silla de tamaño mediano.
—¡Puaj! ¡Demasiado blanda! —gritó.

Then she tried the smallest chair.

"Just right!" she said. But as she was getting comfortable ...

Luego, probó la silla más pequeña.

—¡Lo justo! —dijo.

Pero cuando se estaba poniendo cómoda ...

CRASH! The chair broke into little pieces.

¡CRAC! La silla se rompió en pedacitos.

Goldilocks went upstairs and found three beds.
She lay down on the biggest bed.
"Ouch! Too hard!" she said.

Ricitos de Oro subió arriba y encontró tres camas.
Se echó en la cama más grande.
—¡Ay! ¡Demasiado dura! —dijo.

Next, Goldilocks tried the medium-sized bed. It was so soft that it nearly swallowed her up!

Después, probó la cama de tamaño mediano. ¡Estaba tan blanda que casi se la tragó entera!

Then she tried the smallest bed. It felt just right and she fell fast asleep.

Luego, probó la cama más pequeña. La encontró perfecta y se quedó totalmente dormida.

Meanwhile, the three bears were finishing their walk.
"Shall we see if our porridge has cooled down?" asked Mummy Bear.

Mientras tanto, los tres osos estaban terminando su paseo
—¿Vamos a ver si nuestra avena con leche se ha enfriado? —preguntó Mamá Oso.

"Yes," Baby Bear replied, "I'm hungry!"

So the three bears hurried back for their breakfast.

—¡Sí! — respondió Bebé Oso—, ¡Estoy hambriento!

Así que los tres osos volvieron rápido para su desayuno.

"Who's been eating my porridge?" roared Daddy Bear.
"Who's been eating my porridge?" asked Mummy Bear.

—¿Quién ha estado comiendo de mi avena con leche?
—rugió Papá Oso.
—¿Quién ha estado comiendo de mi avena con leche?
—preguntó Mamá Oso.

"Who's been eating my porridge?"
cried Baby Bear. "They've eaten it all up!"

—¿Quién ha estado comiendo de mi avena con leche? —gritó Bebé Oso —. ¡Se la han comido toda entera!

"Who's been sitting in my chair?" roared Daddy Bear.
"Who's been sitting in my chair?" asked Mummy Bear.

—¿Quién se ha sentado en mi silla? —rugió Papá Oso.
—¿Quién se ha sentado en mi silla? —preguntó Mamá Oso.

"Who's been sitting in my chair? They've broken it!" cried Baby Bear.

—¿Quién se ha sentado en mi silla? ¡La han roto! —gritó Bebé Oso.

"Who's been sleeping in my bed?" roared Daddy Bear.
"Who's been sleeping in my bed?" asked Mummy Bear.

—¿Quién se ha dormido en mi cama? —rugió Papá Oso.
—¿Quién se ha dormido en mi cama? —preguntó Mamá Oso.

"Look! Someone's still sleeping in my bed!" whispered Baby Bear.

"YES!" roared Daddy Bear, loudly.

—¡Mirá! ¡Aún hay alguien durmiendo en mi cama! —susurró Bebé Oso.

—¡SÍ! —rugió Papá Oso alto.

Goldilocks woke up immediately. She jumped out of the window and ran home as fast as she could.

Ricitos de Oro se despertó de inmediato. Saltó por la ventana y corrió a casa todo lo rápido que pudo.

"What a rude little girl!' said Daddy Bear.

—¡Qué niña tan grosera!—dijo
Papá Oso.

Puzzle / el acertijo 1

Put these pictures in the correct order. Which event do you think is most important? Now try writing the story in your own words!

Pon estas imágenes en el orden correcto. ¿Qué evento crees que es más importante? Ahora trata de escribir la historia en tus propias palabras!

Puzzle / el acertijo 2

1. I can run quickly!

Puedo correr rápidamente!

2. Where is the porridge?

¿Dónde está la avena con leche?

3. My chair is broken!

Mi silla esta rota!

4. I'm feeling very sleepy.

Me siento muy dormida.

Choose the correct speech bubbles for each character. Can you think of any others? Turn over for the answers.

Elije las burbujas de voz correctas para cada persor[illegible]e. ¿Puedes pensar en otras? V[illegible]elve la pagina para las respuestas.

Answers / respuestas

Puzzle 1 / El acertijo1

1c, 2e, 3a, 4f, 5b, 6d

Puzzle 2 / El acertijo2

Ricitos de Oro: 1, 4

Los tres osos: 2, 3